走遍世界
很简单

ZOUBIAN SHIJIE HENJIANDAN

阿根廷大探秘

AGENTING DATANMI

知识达人 编著

成都地图出版社

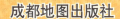

图书在版编目（CIP）数据

阿根廷大探秘 / 知识达人编著 . — 成都 : 成都地图出版社 , 2017.1（2021.5 重印）
（走遍世界很简单）
ISBN 978−7−5557−0274−0

Ⅰ . ①阿… Ⅱ . ①知… Ⅲ . ①阿根廷—概况 Ⅳ . ① K978.3

中国版本图书馆 CIP 数据核字 (2016) 第 079905 号

走遍世界很简单——阿根廷大探秘

责任编辑：魏小奎
封面设计：纸上魔方

出版发行：成都地图出版社
地　　址：成都市龙泉驿区建设路 2 号
邮政编码：610100
电　　话：028－84884826（营销部）
传　　真：028－84884820

印　　刷：唐山富达印务有限公司
（如发现印装质量问题，影响阅读，请与印刷厂商联系调换）

开　　本：710mm×1000mm　1/16				
印　　张：8		字　　数：160 千字		
版　　次：2017 年 1 月第 1 版	印　　次：2021 年 5 月第 4 次印刷			
书　　号：ISBN 978−7−5557−0274−0				
定　　价：38.00 元				

前　言

　　美丽的大千世界带给我们无限精彩的同时，也让我们产生很多疑问：世界上到底有多少个国家？美国到底在什么地方？为什么奥地利有那么多知名的音乐家？为什么丹麦被称为"童话之乡"？……相信这些问题经常会萦绕在小读者的脑海中。

　　为了解答这些问题，我们精心编写了这套《走遍世界很简单》系列丛书，里面包含了世界各国丰富的自然、地理、历史以及人文等社会科学知识，充满了趣味性和可读性，力求让小读者掌握最全面、最准确的知识。

　　本系列丛书人物对话生动有趣，文字浅显易懂，并配有精美的插图，是一套能开拓孩子视野、帮助孩子增长知识的丛书。现在，就让我们打开这套丛书，开始奇特的环球旅行吧！

路易斯大叔

美国人，是位不折不扣的旅行家、探险家和地理学家，足迹遍布全世界。

多多

10岁的美国男孩，聪明、活泼好动、古灵精怪，对一切事物都充满好奇。

米娜

10岁的中国女孩，爸爸是美国人，妈妈是中国人，从小生活在中国，文静可爱，梦想多多。

目 录

目 录

引言

  在路易斯大叔的带领下，多多与米娜已经完全迷上了旅行。回家休整还不到一个月，就急着想要再次出发了。

  但是路易斯大叔感冒了，没法马上动身，多多和米娜只能耐心在家里等着路易斯大叔病好。这期间，多多常常拿着地球仪与米娜讨论下一站去哪里比较好。

1

终于，路易斯大叔感冒好了。两个孩子见到路易斯大叔可高兴坏了，多多甚至还跑过去抱住了路易斯大叔，嘴里大喊着："路易斯大叔，我们好想你啊！"

休息片刻之后，路易斯大叔看着多多和米娜问道："下一站你们想去哪里呀？想去冷的地方还是热的地方？"

米娜首先说："大叔，我们去阿根廷吧！"说完后偷偷地看了一眼多多。

多多马上附和着："阿根廷？就是那个有着世界最宽的瀑布的国家

吗？哇！这个建议好！"

路易斯大叔看了看多多，又看了看米娜，脸上露出了浅浅的笑容，说道："既然你们都这么想去阿根廷，那么咱们下一站就去阿根廷。不过，阿根廷现在可是非常冷哦，你们都做好准备了吗？"

"早就准备好啦！"多多和米娜齐声回答。

路易斯大叔听到他们的回答后，大笑着说："看来你们早就商量好了啊！"

经过简单的准备，三人很快坐上了飞往阿根廷的飞机。到阿根廷需要坐10多个小时的飞机，趁这段时间，多多与米娜在飞机上美美地睡了一觉，醒来之后，他们的嘴巴就停不下来了，向路易斯大叔问这问那。

"路易斯大叔，我们要去阿根廷哪一个城市呀？不知道和北京差别大不大？"米娜一边翻着飞机上的免费旅游杂志一边问。

······

终于等到两个孩子问完了，路易斯大叔笑着说："待会儿飞机将会停在阿根廷的首都——布宜诺斯艾利斯，它可是阿根廷最大的城市，那里有很多好玩好看的东西，绝对不会让你们失望的。布宜诺斯艾利斯还被人们称为'南美巴黎'！"

听到"南美巴黎"这四个字，两个孩子顿时心花怒放，多多甚至开心得想蹦起来，但是因为身上系有安全带，又被拉了下去，惹得路易斯大叔与米娜哈哈大笑起来。

又过了大约1个小时，飞机终于慢慢着陆了。飞机上的服务人员走过来帮多多与米娜解开了安全带，两个人这会儿倒是挺安静的，紧紧跟在路易斯大叔的身后。

路易斯大叔转过头来对米娜和多多说："快把衣服都穿好，纽扣全部都扣上，外面这会儿可冷着呢。"

两个小家伙全副武装，只露出两只眼睛骨碌骨碌地转着。舱门一开，两个人就手拉手小跑着奔了出去，把路易斯大叔远远地甩在了后面。

这一天，布宜诺斯艾利斯天气晴朗，阳光明媚，仿佛正微笑着欢迎远道而来的客人。

第1章

迷人的城市街道

　　这样的好天气，不由得让人心情舒畅。三个人脸上都绽放着愉快的笑容，多多一路上很兴奋，米娜也小声地哼起了歌。

　　没一会儿，他们就到了预订的酒店。趁着路易斯大叔在酒店前台办理入住手续的工夫，米娜与多多又聊上了。米娜微皱着眉头，看上

去很是忧虑的样子，她贴近多多的耳朵说："多多，我刚刚仔细听了一下路人的讲话，发现他们讲的话我完全都听不懂。"

听到这儿，多多不由得声音大了起来："他们不讲英语吗？那我们怎么办？到时候连个公共厕所都找不到了！"

路易斯大叔办完手续，听到了他们的谈话。他笑着摸了摸多多的头，说道："被你们俩发现了，阿根廷的官方语言并不是英语，而是西班牙语，所以你们两个听不懂是正常的。不过不要担心哦，这里的人普遍都会一点儿英语。"

听了路易斯大叔的话，两个孩子才稍微放心了，拿着各自的小行李包，跟着路易斯大叔走进了房间。

简单地收拾了一下，多多就跑过去拉着路易斯大叔，闹着要出去玩。米娜在一旁没有说话，不过眼神里也流露出想要出去的渴望。

　　路易斯大叔虽然有些疲惫，但看到两个孩子如此期待，就大手一挥，说道："既然天气这么好，那我们就出去逛逛吧。记得待会儿要好好看，这里的城市街道可是相当有名啊，特别是色彩的运用，简直像童话世界一样。"

　　一向喜欢童话世界的米娜听到这儿，不由得加快了步伐。

　　置身于布宜诺斯艾利斯的博卡街区中，真的让人忍不住叫好。米娜虽然被这五彩斑斓的颜色迷住了，但是心里还有一丝疑问：为什么这里的建筑都要刷上五彩斑斓的颜色呢？

　　路易斯大叔像是猜出了米娜的疑惑，解释道："19世纪末的时候，很多移民者来到这里，他们建的房屋都是用铁皮搭的简易棚子，非常简陋。这些移民普遍都很贫穷，为了让自己的房子变得有个性，

他们就找来船漆，将自己的屋子刷成五颜六色的，这样看起来能美观一些。后来，虽然这些人逐渐富裕起来，但他们还是喜欢将房子刷上绚丽的色彩。现在你们明白了吗？"

"原来如此啊！"多多一副恍然大悟的样子。

"路易斯大叔，这里真的是太美丽了。我觉得自己仿佛走进了童话故事里，你说我会不会遇到白雪公主呀？"米娜陶醉在自己的幻想世界中。

"别光顾着用眼睛看，试着用鼻子闻一闻。"路易斯大叔提醒道。

听了路易斯大叔的话，多多与米娜都闭上了眼睛，深深地吸了一大口气。两个人又做了几次深呼吸，多多抱怨道："路易斯大叔，我怎么什么也没有闻到？"

路易斯大叔听了，转而笑着问米娜有没有闻到什么。

"我觉得这里的空气很好闻，好像有一种淡淡的花香。"米娜如实地说出了自己的感受。

路易斯大叔听到这个答案，表示非常满意，说道："布宜诺斯艾利斯在西班牙语里的意思就是'多么新鲜的空气啊'！多多，再好好闻闻！"说完，路易斯大叔也深深地吸了一口气。多多照着路易斯大叔说的，也深深地吸了一口气，隐约地感觉到了米娜所说的花香，似乎还有些甜甜的味道。

三个人边走边说，显得十分温馨。走着走着，他们突然听到"咔嚓"一声，回过头一看，原来有游客把他们三个人当成了一道风景，将他们拍了下来。

第2章

街头艺术家

　　路易斯大叔领着多多与米娜边走边聊，走着走着，他们发现街边的人群渐渐多了起来。很多身着鲜艳衣服的人立在街头，手舞足蹈地向人们展示着自己的一技之长，这种情形在北京是非常少见的。

　　多多小声地询问路易斯大叔："大叔，为什么我觉得他们长得都像欧洲人呀？这里不是南美洲吗？"

　　"这里虽然是南美洲，不过大多数市民都带有欧洲血统，特别是西班牙与意大利的血统。在上个世纪90年代的时候，突然兴起了一股移民潮，很多俄罗斯和乌

克兰人来到这里定居。所以，我们现在见到的，大多数都是欧洲人的后裔，长得像欧洲人就不足为怪了。"路易斯大叔耐心地为多多解释着。

"可是我刚刚看到那边有一个花匠老爷爷，还是个日本人呢。一开始我还以为是中国人，后来听他讲话才知道不是。"米娜对路易斯大叔和多多说道。

路易斯大叔继续说："米娜观察得真仔细！我和你们说，在整个亚洲范围内，其实第一批移民到这里的是日本人，当时他们大多数人在这里从事的职业就是花农。"

听了路易斯大叔的一番话，米娜点头表示懂了，不过马上又问道："那这里除了日本人，还有别的亚洲人吗？"

"当然有啊！除了日本人，这里的韩国人与华人也很多。近30

年来，移民到此的主流就是华人与韩国人。你们仔细找一找，会发现沿街还有很多亚洲餐厅呢。"说到这儿，路易斯大叔轻声笑了起来。

漫步在这样迷人的街道，真是一件非常幸福的事情。在这里，各种街头艺术家随处可见，装扮时髦、发型新潮的旅人总是面带微笑地从人们身旁走过。人群中还有一些小丑做出各种可笑的鬼脸逗得大家哈哈大笑，其中还有拉着手风琴陶醉其中的音乐家。

米娜被一个长相帅气的乐师吸引了，走到他的跟前非要多多为她与乐师拍一张合照。米娜本来还有点担心自己会被拒绝，没想到那位着装艳丽、手里捧着按钮式手风琴的英俊乐师毫不犹豫地同意了米娜合影的请求。

如愿以偿地拍完照后，米娜才心满意足地跟着路易斯大叔和多多离开了。

再往前走，米娜突然发出了一声尖叫，因为她看到前面不远处的路面上，有一个巨大的坑，而有一位路人正朝着坑走去，眼看着就要掉进去了。她来不及阻止，不由得闭上了眼睛。

　　不过令人无比惊讶的是，那位路人居然安全地走过了那个大坑。多多的眼睛也瞪得大大的，有点难以置信地问："难道那个人会轻功吗？"

　　路易斯大叔没有说话，只是让两个小鬼走近一些再好好看看。

　　直到站在那个巨大的坑前面时，米娜和多多才惊奇地发现，这只不过是画在地上的一幅画。但是，这幅画简直太逼真了，逼真得让人有些不敢相信。多多忍不住问路易斯大叔："路易斯大叔，这真的只是一幅画吗？"

路易斯大叔这才说话："这就是传说中的阿根廷3D街头地画。它最大的特点就是立体、逼真、栩栩如生，让人感觉身临其境。你们说，阿根廷是不是人才辈出？"

米娜和多多使劲地点了点头。

即使已经知道眼前这个神奇的大坑只不过是一幅画，两个小鬼还是不敢从上面踏过。在路易斯大叔的鼓励下，他们才手牵着手小心翼翼地从路旁边绕了过去，惹得路易斯大叔一阵哈哈大笑。

3D街头地画

  3D街头地画，也被叫作街头立体画、街头三维地画等，是一种大众的艺术表现形式，就是将画作在地上进行展示，或者是直接在地上进行创作，达到立体的艺术效果。3D街头地画最早起源于西方国家的街头文化。2005年的时候，中国首位3D地画艺术家齐兴华将其引进中国。2009年，齐兴华所著的《古龙今韵》成功入驻第11届中国美术展览，这代表着3D街头地画正式踏入正规艺术圈。如今，3D街头地画已经被越来越多的人所熟知和喜爱。

第3章

城市里的中国风

天色渐渐暗了下来，转眼就到了傍晚。不过让人感到奇怪的是，沿街的艺人不但没有减少，反而越来越多。华灯初上，配合着建筑的各种色彩，这氛围显得更加迷人。

本来逛了这么久，两个小家伙已经有点累了，但是看到夜晚的城市又是另一番醉人的模样，他们又来了精神。

虽然多多与米娜都没有问，路易斯大叔还是给他们讲解了夜晚街道更加热闹的原因。"这里之所以比白天更加热闹，有两个原因：首先，就像我们所看到的，这里的夜晚比白天要有魅力得

多，阿根廷的夜生活可是非常丰富的。还有一个原因，我要考考你们，你们知道布宜诺斯艾利斯这个城市的人们大都从事什么行业吗？"

"不会是跳舞吧？"多多低声咕哝了句，显然是底气不足。

"对了一点点。他们绝大多数人从事的都是服务业，也就是说，旅游业越发达，游客越多，这座城市就越发达。所以，夜晚成了很多人做生意的好时机喽！"

路易斯大叔正说着话，忽然听到一阵"咕噜咕噜"的声音，原来是多多的肚子发出了抗议，米娜则在一旁偷笑。

路易斯大叔决定带着大家去吃饭。

沿街的餐厅很多，最终他们选择了一家中国菜馆。在等待上菜的时候，路易斯大叔问米娜和多多："你们知道布宜诺斯艾利斯与中国北京结为友好城市的时间吗？这是抢答题，回答对的人会有小惊喜哦！"

不过可惜的是，两个

小鬼想了半天都没有回答出来，最后路易斯大叔只能无奈地自问自答："你们两个都记住了哦，是在1993年的7月13日。还有一件事你们一定要知道，2008年北京奥运会的火炬传递，其中的一站就是布宜诺斯艾利斯，这可是阿根廷第一次迎来奥运圣火！"

米娜忍不住惊呼："哇，这是真的吗？这让我觉得跟这座城市更加亲近了！"

吃完饭后，服务员为三位客人上茶。面对着从来没有喝过的茶，米娜不禁好奇地问道："这是什么茶啊，为什么我从来没见过？"多多对着一同端上来的一套工具也看傻了眼。

路易斯大叔看着米娜、多多困惑的模样，不紧不慢地说："这就是大名鼎鼎的马黛茶，它可是阿根廷的一大特色，甚至被誉为'国茶'。这里的人，不管老人小孩，每天都会喝。"

"马黛茶？好奇怪的名字。"多多说道，眼睛仍盯着

那套工具。

"在阿根廷本土语言中，'马黛茶'就是'神茶'的意思，因为这种茶有着很好的保健功用，不仅可以促进血液循环、提神健脑，还可以降低血脂呢。正因为它具有这么好的效果，所以人们才愿意每天都喝。"路易斯大叔对米娜、多多说。

多多心中仍然对那套工具存有疑惑，他接着问："可是，这一套工具是干嘛用的呢？"

好像是预感到多多会问出这个问题，路易斯大叔一边说一边演示了起来："喝马黛茶可是很讲究的，你们看这个工具，它是用特制的吸管、勺子、过滤器三合一制成的。先冲上水，轻轻吹一口气，再轻轻地吸，就像这样——"路易斯大叔做了个示范，轻轻地喝了一口茶。

于是米娜和多多也学着路易斯大叔的样子，小心翼翼地照做了一遍。

多多嚅了一小口之后，皱着眉头道："大叔，我想我需要加一点糖！"

其实路易斯大叔是故意不告诉他们的，这马黛茶喝起来有点像苦丁茶。

"良药苦口嘛！"路易斯大叔心中暗暗地想。

第4章

独特的民族服饰

　　吃过晚饭之后，三个人避开了喧闹的人群，选择了一条相对僻静的街道。街道的两旁种着高大的树木。但是这种像一把把撑开的太阳伞一样的树，就连一向对花草极有研究的米娜都叫不出名字来了。

　　面对米娜和多多的疑惑，路易斯大叔舔了一下嘴唇，然后说："这种树的名字叫奥布树，它是拉普拉塔河流域特有的树种。这种树最大的特征就是树干特别粗大，枝叶繁茂无比，整个树冠向外扩展，极像打开的太阳伞。另外，它们为布

宜诺斯艾利斯这座城市的空气净化也做出了很大贡献呢！"

一路往前走，过了一条街之后，人流又渐渐拥挤了起来，远远看过去，就是一个人群沸腾的广场。

一边走路，路易斯大叔一边给两个小孩儿普及知识："在阿根廷呢，购物的地方有很多，最著名的商业街是科连特斯大街、圣菲大街，这种高档商业街东西都卖得非常贵。其次呢，就是中央市场，规模很大，以批发为主。再有就是像我们现在所看到的这种广场以及公园，一到了周末，也是个购物的好地方，相当于一个流动的市场，各种东西应有尽有。米娜，今天是星期几？"

"好像是周末！"米娜回答。

"那我们可赶上好时候了！快走！"说着，路易斯大叔带着孩子们小跑起来。

　　广场上真的是琳琅满目，衣服、百货、手工艺制品，甚至来自中国的大花瓶。米娜看到了一个用葫芦做成的马黛茶壶，本来想着买回家送给妈妈呢，但是在看到了旁边叠放的华丽的阿根廷传统服饰之后，注意力立刻转移到衣服上，把茶壶的事情抛到了脑后。

　　而路易斯大叔正在考多多："你看那一片华丽的服饰中，缺少哪一种颜色？"

　　多多嘴里念叨着："红、黄、紫……"把一个个颜色给排除掉，可是最后还是没有猜对，惹得路易斯大叔大笑不已。最后路易斯大叔说："阿根廷人民呢，大概是最讲究穿衣的民族了。不过你要记住哦，阿根廷人讨厌灰色，绝对不会把它穿上身。因为他们觉得，灰色很阴沉，会让人心情低落。"

　　"路易斯大叔，米娜的裤子是灰色的！"多多突然想到，着急地脱口而出。

　　讲到米娜，路易斯大叔才发现已经好久没有看到她了，于是他和多多开始寻找米娜。找遍了广场的每一个角落，都没有发现米娜的身影，多多急得快哭了。

　　路易斯大叔安慰他说："别担心，阿根廷民风淳朴，米娜一定会没事的。"

　　多多忽然想起之前的谈话中，他们讨论过下一站要去的地点——圣马丁广场。而且他和米娜还偷偷约定，万一谁走丢了，就到圣马丁广场去找对方。

　　于是路易斯大叔带着多多刻不容缓地赶往圣马丁广场。

拉普拉塔河

　　拉普拉塔河处于南美洲国家乌拉圭与阿根廷的相交之处，在西班牙语里面，"拉普拉塔"意为"银子"，含有珍贵之意。拉普拉塔河号称南美洲第二大河，总长度达到了4100千米，整个拉普拉塔河的流域面积接近400万平方千米。不过，真实的拉普拉塔河长仅为320千米，但由于它融汇了阿根廷、巴西、巴拉圭、玻利维亚、乌拉圭等国中的主要支流，因而总长度达到南美洲第二。广泛而言，巴拉圭河、乌拉圭河、巴拉那河和拉普拉塔河所流经的区域都属于拉普拉塔河流域的范畴。并且，该流域属于整个拉丁美洲最富庶的地方之一，雨水充足，土壤肥沃，物产繁盛，是整个南美洲的金融聚焦点。

第 5 章

相遇圣马丁广场

被民族服饰迷住的米娜一路向前，等到逛完了这些衣服之后，她才忽然意识到自己已经偏离了人群，身边也没有了路易斯大叔和多多。

正当米娜急得快哭出来的时候，出现了一位阿根廷小伙，他自告奋勇地表示可以为米娜带路。于是他们也动身前往圣马丁广场。

看到那个年轻人穿着正式，米娜不禁问道："你是要去参加什么会议吗？"

"当然不是。这么和你说吧，在阿根廷，人们穿衣可讲究了。

不管是政府机关还是各种行业，所有职员都必须穿西服打领带，不论春夏秋冬。即使是从事体力活的工人，也是到了工作地点之后再换衣服，不会穿着工作服到处乱走哦。"

听了这话，米娜乖乖地点了点头。

虽然知道要去圣马丁广场，但是对于这个广场，米娜一无所知。通过那个年轻人的讲述，米娜才知道：圣马丁广场是布宜诺斯艾利斯最古老的广场之一，占地面积非常广，达到2.46万平方米。

"圣马丁是一个人名吗？"米娜不解地问。

年轻人激动地说："当然！他的原名是何塞·德·圣马丁，他是

阿根廷的民族英雄哦，一名伟大的解放者，他带领着我们民族进行了独立战争。独立战争的时候，圣马丁将军曾经在这里驻扎练兵。1878年的2月25日，我们国家为了庆祝将军100周年的诞辰，将这个广场取名为圣马丁广场。"

听年轻人这么说，米娜不由得加快了步伐，因为她现在对圣马丁广场充满了期待。

不多时，两个人就到达了目的地。可能是看到了米娜吃惊的表情，年轻人解释说："圣马丁广场并不是我们常见的那种四方形大广场，就像你所看到的，它其实就是一块整齐的平地。不过，你可别小瞧它哦，广场周围都被高大的树木与巨大的高楼包裹着，远远看去，就像是布宜诺斯艾利斯的最后一方净土。"

米娜将自己的视野放开阔，才发现年轻人说得一点儿不假，周围的树木和高楼默默守护着中心的广场，并与广场相得益彰。

　　米娜继续跟着年轻人往广场中央走，突然她尖叫了一声，原来她看到路易斯大叔与多多正在不远处四处张望，像是在寻找什么。而这时，多多也看到了她，两个人狂奔着相拥到了一起。

　　此刻他们正站在广场中间——何赛·德·圣马丁的雕像下面，分享着重逢的喜悦。路易斯大叔对年轻人说："这座雕像看上去是由一整块铜雕刻而成的，马跃腾空的架势显得气势十足，真是一个难得的好作品！"

　　年轻人点了点头说："1862年，一位法国雕刻家创作了它。最厉害的是这里，您看这整个雕像，所有的力量全部压在这马的后腿上面，没有超高的雕刻功力是完成不了的。"年轻人一边说一边用手指

向马的后腿处。

看到这个年轻人能够如此了解历史，路易斯大叔满意地笑了。

四周霓虹泻下，灯盏鲜亮。路易斯大叔转过头对米娜与多多说：
"让我们再与伟人一起待一会儿吧！"

第6章
国旗上的秘密

　　路易斯大叔对助人为乐的年轻人表示了万分的感谢，但是天下没有不散的筵席，该是道别的时候了。米娜牵着年轻人的手，显得很舍不得。然后她看到了旁边有卖花的小贩，非要送给那位年轻人一朵花。路易斯大叔笑着同意了，随即掏出了钱。

　　看到眼前花花绿绿的纸片，多多忍不住问道："路易斯大叔，这是什么啊？"

　　小贩收了钱后，路易斯大叔才慢慢开口："这是阿根廷的货币呀，叫比索，面额包括1比索、2比索、5比索、10比索、20比索、50比索和100比索，这跟人民币有相似之处。不过，1比索的纸币现在已经不能使用了，只有1比索的硬币了哦！"

面对路易斯大叔这个全球通，年轻人无比钦佩。

他不好意思地接过了花，思索片刻，从上衣口袋里摸出了两样东西："亲爱的朋友，我把这个送给你，你永远是我的朋友！"然后小伙子郑重地用双手递给了米娜。

依依作别之后，年轻人不舍地离去。

年轻人走远后，米娜将他送给她的东西打开，原来是一面旗帜与一朵美丽的干花。

"这是阿根廷的国旗吗？"多多凑上来。

"嗯，这就是阿根廷的国旗，形状是长方形，长与宽的比例大概是5∶3。你们看，它是由浅蓝、白、浅蓝三条平行等宽的长方形拼成，浅蓝色表示正义，白色表示纯洁与高尚。"

路易斯大叔的话还没说完，多多就急着插嘴道："那这旗帜中间

是什么呀？"

　　看着多多着急的样子，路易斯大叔仍旧保持着自己的语调说："这最中间白色长方形中的图案是一轮'五月的太阳'，象征着黎明的来临。看这个太阳的中心，是不是像极了一张人脸，其实这是阿根廷发行的第一枚硬币上面的图案，那外面的金色光线一共有32根，它们都是等距离分布的。"

　　"原来这么一面小小的国旗中还蕴含了那么多秘密啊！"多多和米娜齐齐惊叹道。

　　路易斯大叔一副还没讲够的样子："再看这朵干花，你们知道它有什么过人之处吗？"

"不就是一朵普通的干花嘛，闻起来还不香。"多多在旁边抱怨。

　　"这你就大错特错了！"路易斯大叔正色道，"还记得我和你们说过的奥布树吗？这朵干花就是奥布花，它可是阿根廷的国花，盛开的时候可是非常灿烂的，就好像天边的红霞一般美丽。"

　　"原来那位好心人送了我这么有意义的东西呀，我可要好好珍藏起来。"米娜认真地说。

　　路易斯大叔想了想，还是决定为米娜和多多再补充些知识："其实呢，刚刚在米娜提出送花的时候，我就想说，在阿根廷，可不是什么东西都可以送的。当我们去拜访一位阿根廷人的时候，带

　　一点小礼品当然很好，但是千万不能送菊花，因为他们认为菊花是让人心情不好的妖花。还有，像衬衫、领带这种贴身的东西，也最好不要送。哦，对了，千万记住，手帕也是不能送的，阿根廷人觉得，挥动手帕会招来悲伤。"

　　米娜庆幸地说："原来送礼也那么讲究啊，幸亏我刚才送的不是菊花。"

　　时间已经不早了，米娜和多多也觉得有些疲惫了。于是，路易斯大叔一手牵着多多，一手牵着米娜，匆匆往酒店赶去。

第 7 章

走不完的七九大街

回到酒店之后，三个人马上就进入了沉沉的梦乡。等到第二天太阳高照了，三个人才起床洗漱。吃过早饭之后，多多又嚷嚷着要出去玩。

路易斯大叔神秘地说："我们先去一条街，一条走不完的七九大街。"

这话又引起了米娜与多多的不解。一路上，路易斯大叔一直在给他们补充着七九大街的知识："这条七九大街是世界上最宽阔的

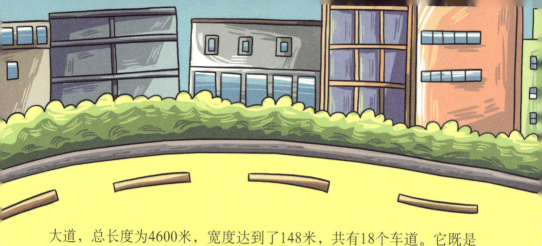

大道，总长度为4600米，宽度达到了148米，共有18个车道。它既是世界上最宽的大道，也是世界上交通最繁忙的大道。"

"为什么要叫七九大道呢？"米娜疑惑地问。

路易斯大叔又打开了话匣子："这条南北走向横穿了整个城市的大街为什么取名叫七九大街呢？其实是为了纪念阿根廷共和国的诞生。阿根廷是在1816年7月9日宣布独立的。其实，布宜诺斯艾利斯有一个特色，就是它的很多著名的广场、街道都用日期来命名，比如说五月广场、二月三日公园等。"

刚刚停下话头，七九大街就到了。一钻出出租车，两个孩子就被

眼前的景象震撼得目瞪口呆。140米，在孩子们的想象中并不是很远的距离，只有真正见到了，他们才发现对于一条马路来说，这实在是太宽阔了。

他们在路易斯大叔的带领下，等到绿灯就往前走一段，几个绿灯之后终于安全抵达了大街的另一端。

看着马路上车辆川流不息，米娜不禁赞叹："这个城市真是太发达了！"

听了米娜的话，路易斯大叔微微一笑："其实阿根廷还属于发展中国家，不是发达国家哦。"

"那为什么会拥有这么现代化的马路呢？"多多忍不住抢着问。

"在上个世纪初的时候，阿根廷经济发展得非常迅速。不过经过很长一段时间的发展之后，阿根廷反倒被德国、法国等国甩在了后面。从发达国家退到发展中国家，这在世界上真的非常少见。而这条七九大街，就是阿根廷鼎盛时期的一个标志。"路易斯大叔说。

　　一路走走停停，不知不觉已走了很长一段路。米娜和多多各自捶着自己的腿，嚷嚷着说自己再也走不动了。路易斯大叔望了望前方，然后说："再坚持一会儿，到达前面的方尖碑，我们就休息。"

　　远远望去，不远处耸立着一个高大的碑，碑旁有一面阿根廷国旗在随风飘扬。

　　"方尖碑建于1936年，是为了庆祝布宜诺斯艾利斯市建立400周

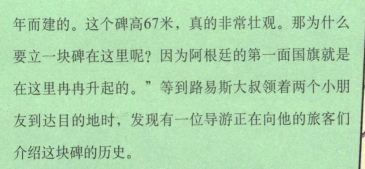

年而建的。这个碑高67米，真的非常壮观。那为什么要立一块碑在这里呢？因为阿根廷的第一面国旗就是在这里冉冉升起的。"等到路易斯大叔领着两个小朋友到达目的地时，发现有一位导游正在向他的旅客们介绍这块碑的历史。

于是三个人决定跟着那个旅行团，听听这位导游的讲解。

米娜和多多觉得这一两个小时真的受益匪浅，对七九大街也有了更详尽的了解。

二月三日公园

　　1813年2月3日，圣马丁领导下的骑兵队取得开战以来的第一次全面胜利，为了纪念这一里程碑式的日子，二月三日公园应运而生。该公园内处处繁花似锦、绿树成荫，还拥有大片大片的绿地和清澈见底的湖泊；此外，公园内还随处可见历史名人的雕塑。值得一提的是，公园内种植着15000株玫瑰。在玫瑰盛开的季节里，鲜艳明丽，夺人眼球，因而二月三日公园也被人们亲切地称为"玫瑰公园"。

第8章

五月广场

　　看过了七九大街，多多与米娜还觉得意犹未尽，想要路易斯大叔带他们去更多更好玩的地方。

　　思考再三，路易斯大叔决定先带他们去传说中的五月广场，然后把周围的历史建筑全浏览一遍。路易斯大叔的脑袋里，可是藏着无数个关于阿根廷的老故事，等待着讲给多多与米娜听呢。

　　打车不过数分钟，三个人就来到了五月广场。远远地，米娜看到一座白色的金字塔伫立在那里。

　　路易斯大叔告诉她，那座建筑叫作"五月金字塔"，位于五月广场的心脏位置，是这座城市里历史最久远的纪念碑。五月

金字塔是在1811年修建的，修建的目的是为了庆贺五月革命一周年。塔的顶部是一个象征自由的女神雕像。

多多对那个塔顶的女神像十分感兴趣，不过由于实在太高，总是看不真切。于是他只好将目光放在别处。突然他看到广场左侧有一座颜色十分好看的建筑物，外形十分庄重美观，整个外墙都呈现一种特别的粉红色。

"路易斯大叔，那座气派的建筑物是什么呀？"多多指着刚刚看到的建筑问道。

"那就是大名鼎鼎的'玫瑰宫'，也就是阿根廷的总统府。为什么要选择粉红色呢，有一种说法是当时各大党派斗争过于激烈，为了调和这种矛盾，于是选择了和谐的粉红色。当然，这只是一种传闻。对了，你们看过《贝隆夫人》这部电影吗？"路易斯大叔问道。

"我知道！""我也知道！"米娜和多多抢着说。

"前总统贝隆的夫人艾薇塔，当初就是在这里发表了著名的演讲。而电影中有一段场景也是在这里拍摄的。电影里面有一首相当出名的歌曲——《阿根廷，别为我哭泣》。"路易斯大叔慢慢地说着，好像在讲述自己的亲身经历一般。

路易斯大叔就像是一个导游，走到一个地方就停下来，然后耐心地为米娜与多多解答心中的疑问。

玫瑰宫的前面是一个大教堂，教堂体现了古罗马风格，12根巨大的罗马柱支撑着整个屋顶的重量，而里面就是大英雄圣马丁的墓地，它的

对面是五月革命历史博物馆，是一座西班牙风格的白色建筑。

在看了非常多的雄伟建筑之后，路易斯大叔对米娜和多多说："接下来我们去看一点不一样的景象。往北走，让我们去看一看著名的佛罗里达大街。"

佛罗里达大街真不愧为布宜诺斯艾利斯最繁华的步行商业街，街上的商铺鳞次栉比，人流也拥挤得吓人，每个商铺里面都挤满了人，可以说是布宜诺斯艾利斯这座城市的经济中心，国内外的名牌也都纷纷进驻这里。

路易斯大叔说："这佛罗里达大街，被人们誉为南美洲的'百老汇'，它是购物爱好者们最喜欢的地方。星期天，这里还会摆满古董——老式的电话机、留声机等等，就好像时光倒流了一样。"

这时，米娜看到街上一位穿着艳丽服装的人体模特，正一动不动地站在路边，她不自觉地扯了扯路易斯大叔的衣角。

路易斯大叔顺着她的目光一看，马上就明白了米娜想要问的问题，他说："其实这条街也是一个艺术的世界，仔细寻找，你就会时不时地发现很多怀抱理想的年轻人在这里展示自己的才艺。看那边，有人在拉小提琴呢！"

看了一会儿表演，路易斯大叔深沉地说："人如果有梦想，就要坚持不懈地去追求，永不放弃。你们也是一样。"

第 9 章

探戈的故乡

找了一家饭馆吃过午饭后，路易斯大叔与米娜、多多三个人沿着街边慢慢地走着，一边欣赏着街边的风景，一边散步。

走了一阵，他们发现前方围着一群人，人群中还时不时地发出阵阵喝彩声，这引起了多多的好奇心，一定要跑去看看才肯罢休。

走近一看，一对探戈舞者正在进行现场表演。舞者都穿着光鲜亮丽的衣服，头发梳得油滑光亮，每一个动作都力道十足，动感的音乐让现场所有人都跟着旋律轻轻摆动。

两个年轻的舞者动作轻盈熟练，米娜忍不住啧啧称赞。不过，让

她感到奇怪的是，这一路上她已
遇到过无数跳探戈的人，虽然都没有这一对舞者跳得好，但也都自得
其乐。

路易斯大叔解释说："这探戈舞的发源地就是阿根廷，它最早出现
于布宜诺斯艾利斯的博卡港口区。当时有很多国家的移民汇集在这里，
他们的生活非常贫困，属于最底层的草根人群，他们就靠音乐和舞蹈来
消磨时光。由于大家都是来自五湖四海，会跳的舞蹈也多种多样，久而
久之，这些舞蹈就融合在了一起，最后演变成了今天的探戈。"

听完探戈的历史，米娜不由得在心中想："原来最初的时候，探
戈是穷人的舞蹈呀！"

"阿根廷是探戈的发源地，也就是探戈的故乡。所以在阿根廷，
人们都酷爱跳探戈，会跳的人非常多，只要一听到音乐，人们就会翩

翩起舞。探戈是阿根廷的一项国宝，也是整个民族引以为傲的东西。可能对于我们来说，探戈只是一种非常具有魅力与活力的舞蹈，可是在阿根廷人的眼中，它已经成为生命中不能缺少的一部分了。"路易斯大叔接着说。

看着看着，多多的脸突然变红了，他害羞地说："我觉得，他们跳舞靠得好近，两个人都快贴到一起去了！"

这话引得路易斯大叔与米娜哈哈大笑。等到心情平静了些之后，路易斯大叔才开口说："阿根廷探戈和国际上常见的探戈的区别就在于，阿根廷探戈要求两个舞者的身体竖直，然后几乎碰在一起。别想歪哦，这只是很纯粹的艺术上的交流。不过由于探戈舞的难度非常大，所以现在的年轻人也不是人人都会了。"

"好想去看更多的人跳探戈啊！"米娜与多多也情不自禁地动起来。

路易斯大叔打开地图，仔细搜索了一下说："那我们现在就去探戈街吧。那里可是每个人都在跳舞哦！"

有了的士的帮助与地图的指引，他们很快就来到了博卡区的探戈街。探戈街并不长，却有着浓郁的探戈氛围，两旁的建筑物都涂成了五颜六色，就像第一天来看到的一样。街两边的墙壁上，刻着很多阿根廷艺人的浮雕作品。据路易斯大叔介绍，探戈街是整个博卡区最具有代表性的一条街道，漫步其中，不经意间就沾染了浓浓的艺术气息。

　　三人来得时间刚好，探戈街上的所有商家都在正常营业。路易斯大叔说，这里开店的店主各个都身怀绝技。米娜看到了一位正在帮助游客摆姿势拍照的老板娘，无论多笨拙的肢体，在老板娘的调教下摆出的姿势，都感觉像是一位专业的探戈舞者摆出来的。

　　路易斯大叔鼓励米娜说："快去让那位女士调教调教你！别害羞！"

　　米娜在心中打了好久的气，终于勇敢地走上前去。

第10章

古典而神秘的科隆大剧院

一晃又是一天，吃过晚饭之后，多多与米娜两个人纷纷表示想要去看电影。正好这时有一个人在路边发传单，路易斯大叔就随手接了一张。

原来是关于科隆大剧院的宣传，上面写着当晚7点，科隆大剧院将上演著名歌剧《阿伊达》。路易斯大叔突然一拍脑袋，声音洪亮地说："我们为什么不去看场歌剧呢？顺便参观一下科隆大教堂！"

对于歌剧，米娜和多多都表示不太熟悉。于是路易斯大叔向他俩介绍说："歌剧呢，是以唱歌为主，又结合了朗诵、音乐、跳舞等形式，是戏剧的一种。待会儿你们就可以感受到了。"

科隆大剧院就位于七九大街的广场上，三个人都很后悔白天的时候忽略了它。不过路易斯大叔又说，只有在晚上去观赏才最迷人。

途中，的士司机告诉他们，科隆大剧院是文艺复兴时期的优秀产物，也叫哥伦布大剧院，是世界上非常出名的歌剧院。除了位于纽约的大都会歌剧院与位于米兰的拉斯卡拉歌剧院之外，科隆大剧院就是最大的了。

因为布宜诺斯艾利斯的很多城市典型建筑都集中于市区附近，所以不一会儿，目的地就到了。刚刚下车，他们就被眼前雍容典雅的高大建筑给震撼了，在月光与树影中，科隆大剧院正散发着古典而神秘的气息，诱惑着人们进去欣赏它精彩绝伦的内在。

外面的大理石走廊光洁如镜，走廊里立着无数根巨大的圆柱，多

多与米娜两个人手拉手才把圆柱围起来。走进

礼堂一看，米娜情不自禁地发出"哇"的惊叹，

整个屋顶都采用黄金贴饰，还有一列列正散发着金色光芒

的美丽吊灯，屋子被照得一片金黄，显得无比高贵，而脚

下呢，则铺着红色的天鹅绒地毯，踩在上面感觉就像踩在云

朵上一样。

　　多多开心地在上面蹦起来，被米娜急忙拉住了："你别把这

奢华的地毯给踩破了！"

　　多多吐吐舌头，表示知道了。

　　在等待剧目开演之前，路易斯大叔又小声地对米娜和多多说：

"科隆大剧院是世界上仅剩的几家能够自制演出服装和道具的剧院之一，演员们身上穿的、手上拿的，全部都是由他们自己制造的。所以说，这个剧院其实也是一个拥有众多典藏的戏剧历史博物馆。"

　　"那它到底藏着多少东西啊？"多多好奇地问道。

　　"我举一个例子，在科隆大剧院的鞋子收藏室中，一共存放着42000双鞋子，这些鞋子分别来自于不同年代、不同职业和不同身份的人。在这里你可以找到当时皇室人员穿的精致皮靴，也可以找到平民百姓穿的木靴。"

　　"那是不是也有灰姑娘的水晶鞋呀？"米娜已经沉浸在自己的童

话世界中了。

"水晶鞋肯定是有的，不过是来自于当时的公主的。"路易斯大叔说。

周围的工作人员小声地提醒说剧目马上就要开始了，于是路易斯大叔制止了多多与米娜的交谈，三个人开始享受神奇的光影世界。

大都会歌剧院

　　大都会歌剧院，位于美国纽约，是一个世界级且拥有超凡地位的歌剧院。大都会歌剧院建立于19世纪后半叶，前身是一座处于百老汇第39号街区和第40号街区之中的小剧院。而如今的大都会歌剧院于1965年建造完成，是整个纽约林肯表演艺术中心的最精粹部分。它的建筑风格结合了古典和当代的双重特质，整体规模非常宏大，总共可以容纳4000多位观众，世界范围内同等大小的歌剧院并不多。

第11章

与贝隆夫人面对面

回到酒店之后，路易斯大叔马上就倒在床上睡着了，不过米娜和多多却久久无法入睡。白天的时候，路易斯大叔讲了一些贝隆夫人的人生经历给他们听。现在对于贝隆夫人，两个小孩儿可是充满了好奇。

　　好不容易等到了天亮，米娜与多多马上起床，然后去骚扰路易斯大叔。路易斯大叔还处在半梦半醒的状态，顶着鸟窝头悠悠地说："既然对贝隆夫人那么好奇，那我们就去和她来个'亲密接触'！"

　　路易斯大叔本想留一个悬念，不过禁不住两个孩子的死缠烂打，只好告诉他们："我们要去雷科莱塔公墓，贝隆夫人就葬在那儿。"

　　一路上，多多与米娜一直在叽叽喳喳地询问。

　　"这个雷科莱塔墓地难道只葬着贝隆夫人一个人吗？"多多首先问道。

　　路易斯大叔笑着回答："当然不是啊！雷科莱塔公墓是当今世界上最出名的10座公墓之一。墓地里主要安葬着阿根廷的富人与历史名人，大概一共有7000位，而贝隆夫人只是其中一位。"

“那她也一定是最出名的一位！”多多坚持着。

路易斯大叔说：“这一点你说得很对！阿根廷最为人所知的人物之一就是伊娃·贝隆（也译作艾薇塔），也就是贝隆夫人，为她量身定做的歌曲《阿根廷，别为我哭泣》，现在已经差不多成为阿根廷的第二国歌了。”

很快他们就来到了雷科莱塔公墓。和记忆中那种低矮、荒草丛生的墓地完全不同，这个墓地大得像一座城市，而且每一座墓都修建得无比壮观，像极了正常的房子。

门口有一位很熟悉地形的老爷爷告诉大家，这座美丽的公墓修建于1822年，占地总面积达到10英亩，看上去就像是一个现实版的小区。整个墓园被“井”字形的走道与4条两两相交的对角线所隔开。

随着人流慢慢地往前走，多多发现有的墓修建得非常美观，有很多的雕刻艺术品在上面，但是有一些却呈现出荒凉的状态。

　　路易斯大叔告诉他说："雷科莱塔公墓又叫贵族公墓，每一座墓都是以家族为单位的，所以墓碑其实也彰显着家族的地位。不过，由于年代久远，有一些家族慢慢没落或者消失，那么这个家族的公墓就再也没有人去修缮和管理了，所以在我们看来就显得有些破旧。"

　　一路上，两旁伫立着好多墓碑，不过米娜和多多都没有听说过这些人名，他俩更想快些看到贝隆夫人的墓地。可是这么大的墓地，如何找到贝隆夫人的墓可把他们给难住了。

　　路易斯大叔说："哪里人最多，哪里就是贝隆夫人的墓！"

　　往四周观望了一圈，果然看到在远处的一角围着一群人。走近一看，果真是贝隆夫人的墓地。

　　"其实，这并不是贝隆夫人一个人的墓。这是她姐姐买来给整个家族用的，包括她那个农场主父亲，不过，因为贝隆夫人，这里才吸引了来自全世界的无数目光。"路易斯大叔缓缓地说道。

　　米娜与多多两人分别上前为贝隆夫人献上了一朵娇艳的玫瑰花，耳边仿佛响起了那经典的歌词："如果我为阿根廷而死，阿根廷，请不要为我哭泣。"

第 12 章

穿越德雷克海峡

短短两天的游历，已让多多与米娜大为惊叹。更让他们开心的是，路易斯大叔说接下来要带他去世界最南端的城市——乌斯怀亚。

路易斯大叔在网站上买了去乌斯怀亚的船票。多多是第一次坐船过海，所以激动得语无伦次。

不过路易斯大叔严肃地说："这次我们穿越的可不是平静的海峡，德雷克海峡被称为'魔鬼海峡'。关于这片海峡，人们谈论最多的就是它的狂风巨浪。因为这里是太平洋和大西洋的交接点，又处于南半球纬度极高的地方，所以几乎每天都会出现大风浪。即

使是巨大的游轮，碰到这片海峡发怒的时候，也摇晃得像是一艘小舟。"

听了这些话，多多止住了笑容，脸上一副好像即将奔赴刑场的表情。

自登船之后，多多与米娜一直是一副如临大敌的样子。不过看到海水很平静，阳光也很好，他们的戒备心渐渐放松下来，两个人开始阅读船上的宣传册。

宣传册上写着：德雷克海峡是当今世界上最宽的海峡，宽970千米左右，最狭窄处也有890千米。而且，它最深的地方达到5248米，是世界上最深的海峡。由于德雷克海峡终年狂风呼啸，被过往的船只

称为"杀人的西风带"。

路易斯大叔正在甲板上看海鸟，米娜看到后就使劲地向路易斯大叔招手，等到路易斯大叔过来后，便问道："大叔，这德雷克海峡为什么要叫这个名字呢？听起来像是一个人名。"

于是路易斯大叔又打开了他的知识锦囊："德雷克就是一个人名，说起来，还有一个典故呢。16世纪初的时候，南美洲被西班牙所侵占，他们为垄断贸易、封锁了海上路线，不准别的国家的船只进入这片海域。来自英国的德雷克的奴隶船在经过这片海域时，也同样遭到了西班牙海上军事力量的攻击，在

　　闪躲的过程中，德雷克无意中发现了这个海峡，所以后来人们就称这片海峡为德雷克海峡。”

　　路易斯大叔看了看航向，然后说："我们快进入西风带了，做好准备！"

　　果然没过一会儿，风浪渐渐大了起来，整个船体开始摇晃。多多和米娜害怕得跑到了房间里，不过听船员说，这次的运气很好，风浪并不算大。听了这话，两个人才稍微放心了些，趴在窗户旁往外看。

　　突然，多多用手指着窗外大叫："海燕！快看！"只见风浪之上出现了很多海燕，正在海浪之间穿梭。

"路易斯大叔，为什么这些海燕不找个平静的地方躲起来呢？"米娜回头问路易斯大叔。

　　路易斯大叔微笑着说："因为风浪大的时候，卷起来的海浪会带上来一些食物，海燕就趁此机会来寻找吃的。所以尽管大风大浪，它们仍旧必须铤而走险。为了生存，生命中要面对无数的挑战啊！你们两个准备好迎接命运的挑战了吗？"

　　"嗯！"米娜与多多都重重地点了下头。

第 13 章

来到乌斯怀亚城

到达乌斯怀亚的时候正好赶上晴朗的好天气。乌斯怀亚虽然只是一个南美的小城市，但是它依山傍水，显得无比精致、淡雅。街道上非常整洁，没有一点儿脏乱的感觉。

"这里的天空实在是美丽极了！"多多仰起头，张开双手拥抱天空。

路易斯大叔回应说："乌斯怀亚，被人们称为世界的尽头，它是地球最南的城市。同时，乌斯怀亚也是阿根廷南部火地岛地区的首府。"

一路上，米娜看到街道两旁的房屋前都开满了美丽的鲜花，但是

放眼看远方，又发现遥远的山峰上都覆盖着白雪，一时间，竟有些忘却了现在究竟是春、夏、秋、冬中的哪个季节。

"你们知道这里靠近哪里吗？"路易斯大叔突然问道。

"最南的城市——那一定是靠近南极了！"米娜抢着说。

"真聪明。从乌斯怀亚出发，两天就能够到达南极。所以在这里，常常可以遇见来自不同国家的科学考察队哦。"路易斯大叔说，"真是一个好地方啊！在当地土著部落的语言中，乌斯怀亚就是'美丽的海湾'的意思。"

他们利用半天的时间游逛这个美丽的小城，米娜发现这里的街道、博物馆、广场几乎都以"圣马丁"来命名，不禁问路易斯大叔这是怎么一回事。

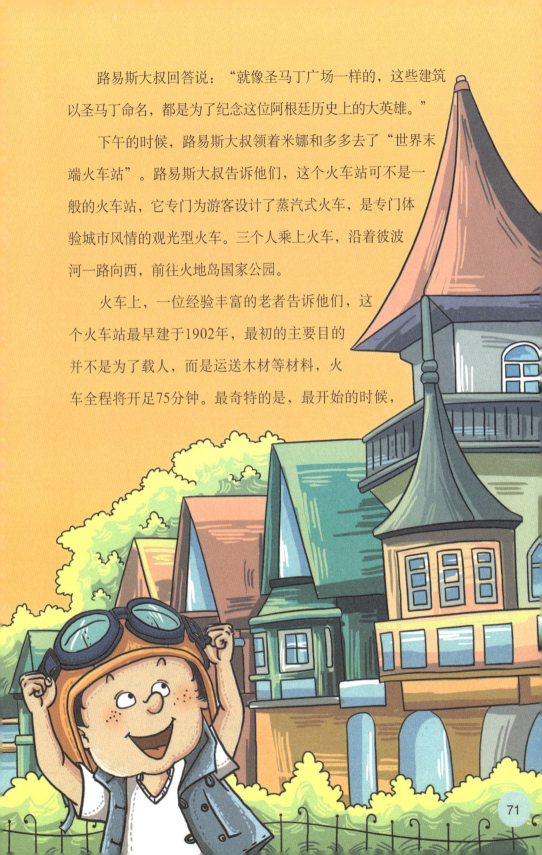

　　路易斯大叔回答说："就像圣马丁广场一样的，这些建筑以圣马丁命名，都是为了纪念这位阿根廷历史上的大英雄。"

　　下午的时候，路易斯大叔领着米娜和多多去了"世界末端火车站"。路易斯大叔告诉他们，这个火车站可不是一般的火车站，它专门为游客设计了蒸汽式火车，是专门体验城市风情的观光型火车。三个人乘上火车，沿着彼波河一路向西，前往火地岛国家公园。

　　火车上，一位经验丰富的老者告诉他们，这个火车站最早建于1902年，最初的主要目的并不是为了载人，而是运送木材等材料，火车全程将开足75分钟。最奇特的是，最开始的时候，火车的路轨全是用木头做的，而前进的动力居然是依靠牛来拉车。

　　火车轰轰地往前开去，这列仿古的蒸汽机车的火车，有着发红的车头、军绿的车身，汽笛中飘出一缕缕细烟，感觉像是要开往一个世纪以前的火地岛。

第14章

火地岛探险

　　乘着"世界末端火车站"的火车，路易斯大叔与米娜、多多来到了火地岛国家公园。火地岛国家公园建于1960年，它是世界最南端的一个自然保护区，由于地理位置的原因，这个自然保护区保存完好。看到森林、山脉和远处的雪景，多多与米娜激动得直拍手，嚷着要去探险。

　　不过米娜心中有一个疑问："放眼望去都是极地风光，为什么还

要叫火地岛呢? 都看不到火。"

　　火地岛的由来是非常奇妙的, 这其中还有一个故事。当年大名鼎鼎的航海家麦哲伦率领自己的航海船队经过这里, 他们发现这里的水道来来回回非常曲折, 底下还不时有暗流涌动, 黑压压的森林与远处发着银光的山峰, 让一切变得异常诡异。更加不可思议的是, 船队上的人远远向岛上望过去, 竟看见了燃烧的火焰, 黑暗中显得异常明亮, 还能够看到袅袅升起的烟。因为这团不明原因的火焰, 麦哲伦将这里取名为"火地岛"。

　　麦哲伦是多多心中的偶像, 听到自己的偶像还到过这里, 多多开心地说: "那这里一定非常有名了!"

　　路易斯大叔微笑着继续说："其实火地岛名气这么大，除了麦哲伦的原因，还与英国生物学家达尔文有关。1832年的时候，达尔文跟随着英国海军舰队'贝格尔'号周游世界时，曾到这里进行过有关生物与地貌的具体考察。他甚至潜入这里的原始部落观察他们的生活，这些都记载在他的《贝格尔号航海志》中。就这样，火地岛被全世界的人所了解。为了纪念这位伟大的生物学家，这里有一座山峰被取名为'达尔文山'，有机会我们可以去看一下！"

　　他们看到公园的入口处用木头搭建着一个牌楼，上面用西班牙文写着"火地岛国家公园"。除此之外，周围全是茂密的树林。多多和

米娜都摩拳擦掌，这场奇特的"探险"正式开始了。

走进森林之后，阳光被繁密的树枝所遮掩，天色一下子就暗了下来。整个森林中树种并不多，不过奇怪的是，与以往高高生长的树木不同，这里绝大多数的树都东倒西歪着，有些甚至垂到了地上，枯枝慢慢腐烂，旁边却又长出了新芽。

面对这么怪异的树，米娜和多多不免有些害怕，躲在路易斯大叔的身后，路易斯大叔笑着说："不要害怕，我们现在所处的地方叫'醉汉林'，你们看这些树歪歪扭扭，如此奇怪，活像一个个喝醉的人。当然，这些树可不是天生就是这样的，这里是极地地区，所以常

常会刮强劲的极地风，风速非常大，为了避免被拦腰斩断，这些树只能顺风弯腰，甚至于伏地生长。"

"我现在觉得这些树并不可怕了。"米娜小声地说，刚刚说完这句，米娜突然大叫了起来。路易斯大叔与多多顺着米娜的目光看过去，原来不远处正有一只长得很像老鼠的动物盯着他们，不过，它转了两圈之后就消失了。

路易斯大叔说："别怕，那是河狸。"

"河狸？我好像没有听过。"

于是，路易斯大叔简单地给两个孩子描

述了河狸的特征：河狸的身材肥硕，头型短钝，眼睛和耳朵都很小，脖子很短。它们的牙齿特别锋利，负责撕咬的肌肉异常发达，一棵直径约40厘米的树，大概只要两个小时就能咬断。河狸的两只前肢宽而短，上面没有蹼，两只后肢大而粗，脚趾之间有蹼，还有一个特别的脚趾——搔痒趾。它们大多生活在寒温带针叶林和针阔混交林边缘的河边，居住在洞穴之中。

"河狸是火地岛的特色物种吗？"多多接着问。

"火地岛原本没有河狸。很多年前，阿根廷政府为了增加物种种类，特地从加拿大引进了一批河狸。不过因为少了天敌，河狸在火地岛大量繁殖。河狸最擅长的就是啃树皮、叼树枝。你看那河边的树枝，就是河狸的'杰作'。"

路易斯大叔继续说："我们再往前走，看看还会遇到什么？"

等到米娜与多多适应了相对黑暗的环境，马上就不再紧靠着路易斯大叔了。两个人小心地跨过脚下的各种障碍物，左看右看，期待着发现新鲜的事物。

米娜发现那些伏倒的树枝上挂着好多野果，黄黄的，一堆一堆地密集生长，她开心地问路易斯大叔："路易斯大叔，这些颜色好看的野果子可以吃吗？长得好像荔枝，看起来很好吃的样子。"

路易斯大叔走近看了看那些野果子，说："这其实是一种寄生菌。传说最初来到火地岛生活的印第安人就是以这种野果子做食物的，所以这种寄生菌还有一种别称，叫作'印第安人面包'。要尝一尝吗？"

"好啊好啊！"米娜与多多面露兴奋之情。两个人小心翼翼地摘了一个，放到嘴巴里尝了尝。

　　"味道怎么样？"路易斯大叔问道。

　　米娜正准备回答有一点点甜，结果被多多抢先了。多多急着对路易斯大叔说："路易斯大叔，那些金黄色的又是什么东西？"

　　果真在不远处的树枝上，长满了一种金黄色的形状奇怪的果子，像是一个个树挂，又像是一盏盏金黄色的纸灯笼。

　　"你看，它像不像中国的灯笼？"路易斯大叔说，"那我们就叫它'灯笼果子'吧。"

　　又走了一会儿，他们终于穿过了山毛榉树林。眼前是一片安静清澈的景象：远处是雪山，雪白雪白的，仿佛和天空连在了一

起，然后是一汪清澈的湖水，倒映着雪山的影子，湖泊与森林之间是一大片草地，绿草茵茵，四周非常宁静。

"我们去野餐吧！"路易斯大叔提议道。

多多兴奋得大叫了起来，然后意识到安静的四周，才吐吐舌头，安静了下来。路易斯大叔见米娜没有反应，便转过头去搜寻米娜。路易斯大叔看见米娜正盯着不远处的几个用稻草堆盖的小棚子，眼神中流露出疑问的神色。

于是，路易斯大叔为她解释说："你信吗，那其实就是一个个小房子。这是火地岛的土著部落奥那族人留下的，他们推崇流浪地活着。其实这种小棚子制作也非常简单，先在地上竖几根木桩，然后在木桩上披几块骆驼皮或者马皮，最后在上面盖些稻草就完成

了。"

　　"这种房子好有特色啊！"米娜不禁感叹道。

　　在如此美丽的环境中野餐真是一件幸福的事情。路易斯大叔与多多、米娜三个人找了块安静的地方，愉快地享受着这片刻的宁静。不时地，他们可以看到从山林之中无意间蹿出来的兔子、秧鸡和原驼。

　　这是米娜与多多一生中难忘的一次野餐。

秧鸡

　　秧鸡属于鹤形目秧鸡科，由130多种体型纤细的沼泽鸟类组成。它们的外观有一点像鸡，翅膀圆而短，尾巴也短，但是脚很大，脚趾很长。秧鸡分布很广，习惯栖息于茂密的草丛里，体型瘦小的它们很容易就可以穿过沼泽草丛或者芦苇丛。它们的叫声非常洪亮，特别是在夜里，显得更加清亮。秧鸡科中的很多种鸟类都是人们喜欢捕猎的，当它们受惊后，会挥动短小的翅膀，划过一段不长的距离，然后再落地。

第15章

世界尽头的邮局

　　用了一下午的时间，路易斯大叔、多多与米娜三个人终于差不多逛完了火地岛国家公园。现在他们置身于火地岛国家公园的尽头，正当他们准备返程的时候，路易斯大叔突然一拍脑门，说："看我老糊涂了，我们忘记了一个最有名的景点！"

　　路易斯大叔口中"最有名的景点"指的就是"世界尽头的邮局"，它位于火地岛国家公园尽头——巴黑亚湾的其中一段栈道上面。

　　幸运的是，他们三个人此时距离邮局非常近，按照地图上的路线走，不一会儿就到了。等到看到

了真面目，多多不免露出了失望之情，说："这邮局也太小了吧！"

路易斯大叔纠正他说："不要小看它哦。因为它特殊的地理位置，每天都会有成千上万的游客赶来参观！"

随着人流，三个人慢慢挪动着脚步，终于进入了这小小的邮局。多多与米娜想如果能从世界尽头往家寄回一张明信片，那真是一件有纪念意义的事情，于是又来了兴趣。

邮局里面，一位老者正在出售明信片。特别的是，每一张明信片上都印着"世界尽头邮政"的标志。很多人买了好多明信片，正坐在吧台前面填写着地址，然后寄往世界的各个角落。

米娜想到背包里面有一套自己原先放着的明信片，她悄悄地拉了拉路易斯大叔的裤子，然后说：

"路易斯大叔，我能用我自己的明信片来请他们盖章吗？"

几经咨询之后，那位老人家热情地答应了这个请求，他在米娜的明信片上重重地盖上了印章，仔细一看，原来是非常可爱的企鹅图案。

多多与米娜心满意足地走出了邮局，却发现邮局的前方，也就是通往比格尔海峡的栈道上竖立着各色各样的阿根廷国旗。路易斯大叔说，这些阿根廷国旗都是在邮局里面工作的老者插的。

放眼望去，远处的小岛上也都飘着明艳的阿根廷国旗。路易斯大叔对米娜和多多语重心长地说："我们一定要向那位老者学习，做一个坚定的爱国者，用我们的生命捍卫国家的尊严，用我们的热情去建设我们的国家！"

第16章

世界尽头的灯塔

在火地岛国家公园的漫长跋涉，让多多与米娜筋疲力尽，但是因为得到了很多宝贵的印章，两人心情还是非常愉悦。走了一会儿，米娜与多多又忍不住把刚才的明信片拿出来欣赏了一遍。

米娜拿着一张明信片问路易斯大叔："路易斯大叔，你

知道这明信片上的灯塔在哪里吗？"

路易斯大叔拿过卡片看了下，笑着说："这就是我们接下来要去的地方。它就是人们口中常说的'世界尽头的灯塔'，不知道你们听说过没有？"

"那它真的是世界尽头的灯塔吗？"多多没回答路易斯大叔的问题，反倒将自己心中的疑问说了出来。

"事实上，世界上最接近尽头的灯塔并不是位于乌斯怀亚的这一座。人们在精确测量之后，发现真正配得上'世界尽头的灯塔'这个称号的，是位于合恩角的一座灯塔，它是智利政府在1991年修建的。不过，相比之下，我们眼前的这座红白相间的灯塔显然更加有名。在

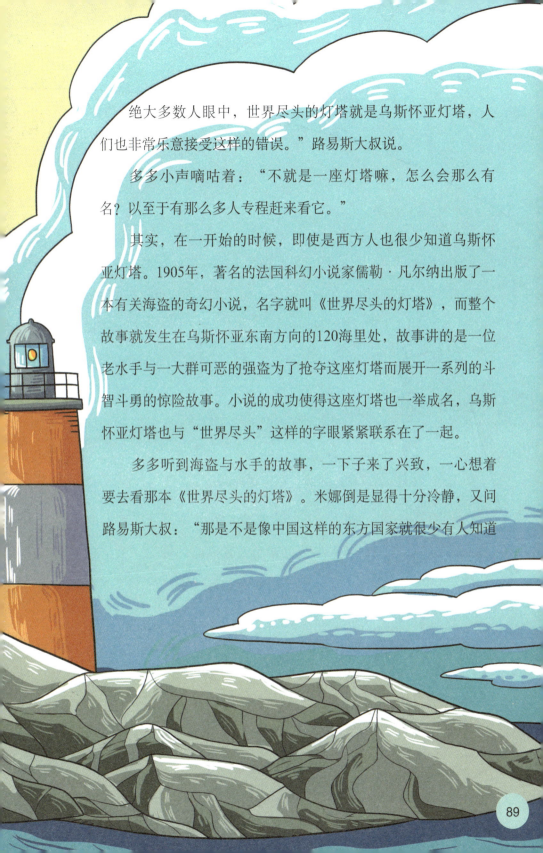

　　绝大多数人眼中，世界尽头的灯塔就是乌斯怀亚灯塔，人们也非常乐意接受这样的错误。"路易斯大叔说。

　　多多小声嘀咕着："不就是一座灯塔嘛，怎么会那么有名？以至于有那么多人专程赶来看它。"

　　其实，在一开始的时候，即使是西方人也很少知道乌斯怀亚灯塔。1905年，著名的法国科幻小说家儒勒·凡尔纳出版了一本有关海盗的奇幻小说，名字就叫《世界尽头的灯塔》，而整个故事就发生在乌斯怀亚东南方向的120海里处，故事讲的是一位老水手与一大群可恶的强盗为了抢夺这座灯塔而展开一系列的斗智斗勇的惊险故事。小说的成功使得这座灯塔也一举成名，乌斯怀亚灯塔也与"世界尽头"这样的字眼紧紧联系在了一起。

　　多多听到海盗与水手的故事，一下子来了兴致，一心想着要去看那本《世界尽头的灯塔》。米娜倒是显得十分冷静，又问路易斯大叔："那是不是像中国这样的东方国家就很少有人知道

这座灯塔啦？"

路易斯大叔说："当然，《世界尽头的灯塔》这本书并没有传入东方国家，但是在中国，有一名著名的导演曾在这里拍摄过一部电影。电影里面有一个桥段，就是一位年轻人一路搜集着别人的秘密，然后来到这世界尽头的灯塔，将所有的秘密释放出去。这部电影让中国人了解了阿根廷，了解了乌斯怀亚，了解了这一座红白相间的灯塔其实代表着希望。"

"好浪漫！"米娜感叹。

此刻，三个人正坐在小船中，迎着巨大的海风，越来越接近这座大名鼎鼎的灯塔。天空灰灰的，不时有海鸟在上空盘旋。路易斯大叔突然对米

娜与多多说："在这里建立这么一座灯塔，其实是有原因的。在没有这座灯塔之前，有一艘大邮轮在这里触礁沉船，很多人丧失了生命，所以在这之后，这里就多了一座灯塔。"

三个人都不再说话，好像真的来到这里，就能抛却所有烦恼，然后重新开始。

第17章

美味的帝王蟹

又到了吃饭的时间，路易斯大叔带着米娜、多多前往美食一条街。

"来到乌斯怀亚，怎么能不尝一尝这里的海鲜呢！"路易斯大叔说完这句话之后，就领着米娜、多多进了一家当地的海鲜店。

海鲜店门口放着一个个鱼缸，里面装着各种各样的海鲜。突然，米娜看到其中一个鱼缸里有很多浑身发红的蟹，正张着爪子，好像

在向自己挑衅一样，这把米娜吓了一跳。侍者看路易斯大叔在犹豫吃什么，于是热情地介绍："要不要尝尝乌斯怀亚最著名的蟹——帝王蟹，就是这种。我们店做的帝王蟹是最正宗的。"

"原来这就是传说中的帝王蟹啊，可是谁知道你说的是真的还是假的？"多多调皮地问道。

使者耐心地回答说："普通的螃蟹拥有四对脚外加一对大钳子，一般脚关节的连接处都稍稍往前弯曲，但是帝王蟹不同，它只有三对脚外加一对大钳子，并且，它们的脚是往后弯曲的，每一只都又长又粗。还有，普通螃蟹的爬行动作大都非常迅速，但是帝王蟹则不同，走得慢腾腾的。最奇特的是，帝王蟹除了可以横向爬行，还能够垂直行走。"

　　听到帝王蟹还能垂直爬行，大家都来了兴趣，仔细观察起鱼缸里的那些家伙。

　　路易斯大叔突然一副恍然大悟的样子，笑着说："我想起来了！帝王蟹呢，又叫作皇帝蟹，是属于石蟹科目中的甲壳类，它们主要生活在寒冷的海域之中。因为帝王蟹体型非常庞大，肉质又异常鲜美，所以被人们封为'蟹中之王'。我们就吃它了！"

　　米娜小声地问："贵不贵呀？"

　　路易斯听到了米娜的话，哈哈大笑起来："帝王蟹每只都超级重，又由于它对生活环境很挑剔，在捕捞与运输的过程中很容易死亡，所以它的价钱很贵，一般普通市场都不会出售它。要是在中国，帝王蟹的价格将会比黄金还要昂贵，不过这里是它的产地，当然会便宜很多。放心吃吧，米娜！"

　　侍者点完单就走了，而距离上菜还有段时间。于是在此期间，路易斯大叔与米娜、多多三人又围绕帝王蟹展开了热烈的讨论。

　　多多一直对帝王蟹的生存环境感到好奇，在路易斯大叔的讲解下，他才知道帝王蟹属于深海蟹类，一般生活在850米以下的深海中，而它喜欢的水温是2℃～5℃，即使是在1.4℃的低温中，它们也能够存活。

　　"那在别的地方岂不是找不到帝王蟹啦？"多多又问。

　　路易斯大叔再次回答："美国阿拉斯加到俄罗斯堪察加半岛的北太平洋两岸是帝王蟹的主要分布地区。而在亚

洲，在太平洋沿岸的日本也曾捕获过帝王蟹。"

一直没说话的米娜也发问了："路易斯大叔，帝王蟹生活在那么深的地方，那人们是怎么去捕获它们的呢？"

"帝王蟹有一个习性，在每年4月到6月之间，它们会爬到浅海的沙滩上，尤其是在其繁殖期，帝王蟹可是会成千上万地浮出水面，这时候，渔民就可以肆意捕捉了。当然，现在科学技术那么发达，依靠诱捕箱，也可以抓住帝王蟹。"

就在这时，期待已久的帝王蟹终于端上了桌。虽然帝王蟹的肉质非常美味，但是外观实在无法恭维，以至于米娜迟迟不敢动手吃。最后看到路易斯大叔与多多两个人吃得津津有味，她才鼓足勇气吃起来。

这真是一顿美味的大餐！

第18章

从没见过的"骆驼羊"

　　乌斯怀亚这座城市带给路易斯大叔、米娜和多多太多的惊喜，三个人都不愿马上离开。趁着还未踏上离别的船，他们赶紧又出来多看几眼这座充满魅力的城市。

　　城市的街道两旁，建造着很多造型可爱的小木屋。其实米娜在刚下船时就注意到了这一点，只不过那时候还很矜持，不敢向路易斯大叔与多多表露自己对这小木屋的喜爱。现在马上就要离开，她也就顾

不得了。米娜说："路易斯大叔，这里一定住着白雪公主吧！看这些小木屋，好别致！我好想在这里睡一晚。"

"可是你又不是白雪公主！我想，这里原来一定是贵族居住的地方。"多多插嘴道。

路易斯大叔说："这些小木屋可是乌斯怀亚的一大特色，在中国你就见不到哦！多多，你可说错了！1896年起，大批的囚犯被送到乌斯怀亚，1920年，开始兴建监狱，这里一度就是以关押重刑犯而闻名于世的。这里那么遥远，犯人都不可能逃跑。"

正当路易斯大叔和米娜、多多热烈讨论的时候，前面有一名游客发出了一声"呀"的惊呼。原来前面出现了两只奇怪的动物，正晃晃悠悠地走在路边。走近了一些，才真正看清楚了它们的长相，每一只大概身高1.2米，体长1.7米，面部的毛发是灰色的，而背上呈浅褐色，腹部又变成了白色，耳朵尖尖地向上竖着，两只眼睛很大，像是戴了美瞳一般呈现出褐色。

　　显然，米娜和多多并不认识这两只长相奇怪的动物。米娜说这大概是基因变异的羊，多多则坚持它们是骆驼，两个人争不出高低，最后只能去问路易斯大叔。

　　于是路易斯大叔告诉他们："这种长得既有点像骆驼又有点像羊的动物叫原驼，生活在南美洲，是家养骆驼和羊驼的野生祖先，主要分布在秘鲁、玻利维亚、厄瓜多尔、智利、阿根廷和哥伦比亚等地方。一般来说，它们的寿命大概在20年到25年之间，现存的原驼数量大概维持在40万到60万头。"

　　听了路易斯大叔的话，多多和米娜才对原驼有了一个初步的了解。但是让米娜奇怪的是，为什么这两只原驼会出现在这里？它们没有自己的群族吗？

  路易斯大叔得知米娜的疑问后，马上为她解答：“原驼通常都是群居而生的，一般都是一只雄驼、几只雌驼和一群幼驼。当幼小的雄驼长大之后，它们又会再去自行组织自己的群族。至于这里只有两只，有可能是一公一母，它们还没有繁衍子嗣，也有可能是中间出了什么变故，导致它们走散了，只剩下了这两只。”

  “哎呀！它们会不会是遇上了什么危险啊？”多多突然想到。

  路易斯大叔接着说：“当受到威胁的时候，它们会口吐白沫，嘴里发出尖厉的叫声来通知其他的同类逃跑。当出现危难的时候，雄驼一般会挺身而出来保护大家，它会最后一个逃跑以确保所有成员的安全。”

  米娜忍不住问道：“那原驼跑步是不是很快啊？”

"原驼的奔跑速度每小时可以达到56千米，除了跑得快之外，它们还会游泳，真可谓运动健将。"路易斯大叔说。

　　"哇！原驼好厉害！"米娜发出了自己的感叹。

　　路易斯大叔接着又说："不过，原驼也有自己的天敌，那就是美洲狮。当它们在草原上生活的时候，就会时时刻刻警惕着周围有没有美洲狮。美洲狮奔跑的速度更快，能够在原驼稍不留心的状况下，迅速咬住它们的脖子。所以为了更好地抵御天敌的攻击，原驼的颈部皮肤特别厚，你仔细观察就会发现了！"

　　多多想了想，开心地说："那这里肯定没有美洲狮了！它们可以安心地生活！"

　　"太安逸的生活也不见得是最好的，你们两个要记住，人一定要不断经历挑战，才可以使自己变得更加强大哦！"路易斯大叔说。

美洲狮

    美洲狮又被称为美洲金猫，其体型和花豹子差不多，不过毛发上没有花纹，并且头骨更小一些，毛色从灰色到红棕色，成年美洲狮体重35～100千克，尤其擅长跳跃，能够一下蹿到7米高的地方，一跃可以向前十几米。美洲狮生性凶猛，是肉食动物，主要靠抓捕野生兔、羊和鹿为食，实在饥饿难忍了会盗猎家禽家畜。假如它们一次性猎食很多，无法一顿食完，会把剩下的猎物挂到树上，等到下一顿再吃。

第19章

乌斯怀亚海港巧遇"雪龙号"

闻着清新的空气，路易斯大叔和米娜、多多的心情都非常愉快。三个人于是决定沿着道路一直走下去，去看看乌斯怀亚港。

乌斯怀亚港口是阿根廷南端的一个港口，位于火地岛的东南岸上。港口最大吃水深度达到了11.6米，潮水最高处与最低处相差了0.45米。乌斯怀亚海港可是不能自由航行的，而是强制引航的。如果

游轮离开海港后向西航行，那么一开始将由阿根廷引航员为其进行引航，然后由来自智利的引航员继续为其引航。如果游轮离开海港后自西向东行驶，那么一开始就必须由智利引航员为其引航，直到雷帕罗岛后停止引航。

值得注意的一点是，船只在这个航道中行驶的时候，必须在船只的前桅杆上悬挂上航行水域所属国的国旗。

一路说说笑笑，多多不时说一点趣话，逗得米娜与路易斯大叔大笑不止。不一会儿，乌斯怀亚海港就近在眼前了。

多多发现，海港这边真的是热闹非凡，人来人往。路易斯大叔马上提醒多多与米娜："大家手牵手，千万不要走散了。"

同时，路易斯大叔还对米娜与多多说："你们两个看仔细哦，这里不止可以停船，还可以修船。值得注意的是，这里并不提供加燃料和排污。另外，这个港口不但有机场，还有两个领事机构：智利与意大利领事馆。"

多多忍不住问："那些船又没有破，都停靠在这里干什么呢？为

什么不快点赶往他们的目的地呀？"

路易斯大叔缓缓地说："这个乌斯怀亚海港就是一个大型补给基地。如果我们要前往南极洲去探险，从澳大利亚、新西兰等地出发前往的话，至少需要一周的时间，但是如果我们从这里起航前往南极洲，只需要两天时间。所以想要前往南极洲探险或者科考，乌斯怀亚海港就是一个必经之地，是一个最理想的起航地点与补给基地。"

"那么各个国家的科考队都会在这里停下来休憩吗？"米娜忍不住问道。

路易斯回答："当然！你们可以找找，看看有没有哪个国家的舰队正好停泊在这里。"

　　于是米娜与多多开始四处观望。突然，米娜看到了不远处有几张亚洲面孔，都穿着红色的工作服，再定睛一看，终于看清了他们衣服左胸前面的标志：一面鲜艳的五星红旗下赫然写着"中国南极考察队"的字样。

　　米娜激动地忍不住尖叫："我发现中国南极科考队啦！"

　　一问之后，果然他们是"雪龙号"的科考队员们，而这艘红色船身白色船舱的"雪龙号"极地考察船正停在不远处。

　　在知道了路易斯大叔、米娜和多多与中国的渊源之后，工作人员答应带领三个人上船简单地游览一下。多多发现了一个现象，在"雪龙号"上的餐厅、会议室、工作室，甚至是走廊上，都可以看到各种

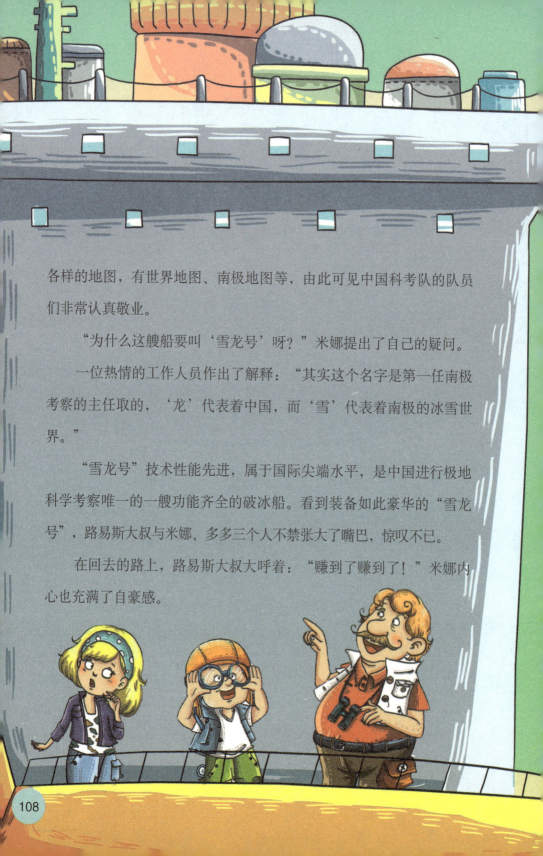

各样的地图，有世界地图、南极地图等，由此可见中国科考队的队员们非常认真敬业。

"为什么这艘船要叫'雪龙号'呀？"米娜提出了自己的疑问。

一位热情的工作人员作出了解释："其实这个名字是第一任南极考察的主任取的，'龙'代表着中国，而'雪'代表着南极的冰雪世界。"

"雪龙号"技术性能先进，属于国际尖端水平，是中国进行极地科学考察唯一的一艘功能齐全的破冰船。看到装备如此豪华的"雪龙号"，路易斯大叔与米娜、多多三个人不禁张大了嘴巴，惊叹不已。

在回去的路上，路易斯大叔大呼着："赚到了赚到了！"米娜内心也充满了自豪感。

第20章

壮观的伊瓜苏大瀑布

在阿根廷，有很多像路易斯大叔、米娜与多多这样的背包旅行客。走在人来人往的街道上，如果遇到了与自己情况相似的游客，大多数人都会相视一笑，或者驻足停留一下，两帮人互相聊聊自己旅途中的经历。

在一次吃饭的间隙，路易斯大叔他们遇到了一对年轻的美国夫妻，他们正在蜜月旅行。经过一番热情的攀谈，得知这对夫妻刚刚从伊瓜苏大瀑布转到乌斯怀亚。米娜与多多终于想起，阿根廷还有一个

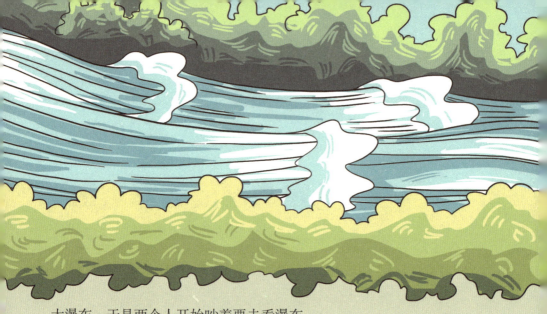

大瀑布，于是两个人开始吵着要去看瀑布。

拗不过这两个小孩儿，于是路易斯大叔决定下一站的目的地就去伊瓜苏大瀑布。

在南美洲国家巴西与阿根廷相交之处有一条河叫伊瓜苏河。伊瓜苏大瀑布就位于这条河的大拐弯处。伊瓜苏瀑布是当今世界上最宽的大瀑布，据说看到这条瀑布之后的人都会念念不忘。瀑布跨越阿根廷与巴西两个国家，每一年都有成千上万的游客来这里一饱眼福。

在坐车赶往大瀑布的途中，米娜与多多一直在恶补着关于伊瓜苏大瀑布的知识。首先引起孩子们关注的就是"伊瓜苏"这个名字，米娜与多多觉得这个名字实在太过于怪异，在搜索网站上查询了之后才知道，"伊瓜苏"在南美洲土著人瓜拉尼人的语言中就是"大水"的意思。

查了一些资料之后，多多忽然嘟起小嘴说："不就是一个瀑布吗？我就不信，难道真像资料上说的那么震撼吗？"

这话引起了路易斯大叔的注意，他说："伊瓜苏瀑布可不只是单

个瀑布，它其实是一个瀑布群。首先要说说伊瓜苏河，它发源于巴西境内，在汇入巴拉那河之前，水流速度突然放缓，到了阿根廷与巴西边境之处，河的宽度达到了1500米，看上去就像是一个湖泊。水流再往前，突然遇到了一个大峡谷，河水顺着倒马蹄形峡谷的顶部和两边奔泻而下，而下方凸起的巨石将河水切割成270多个瀑布，大小不等，于是便形成了一个异常壮观的半环形瀑布群，这个瀑布群的总宽度为3000～4000米，是当今世界上最宽的瀑布。"

"之前我只知道北美洲的尼加拉瓜大瀑布，还真不晓得南美洲还有一个伊瓜苏大瀑布呢。"多多俏皮地说。

路易斯大叔笑着说："这就显示出你知识的欠缺了吧。伊瓜苏大瀑布的宽度可是尼加拉瓜大瀑布的4倍，比非洲的维多利亚瀑布还要大一些。它是世界五大瀑布之一，在1984年，它就已经被联合国教科文组织列为世界自然遗产了。"

米娜与多多的心中隐隐有一种感觉，那就是对伊瓜苏大瀑布知道得越多，对它的好奇心就越重。真希望马上就能看到这壮观的奇景，无奈车辆速度有限，多多和米娜只能先在网络上浏览下瀑布的外貌。

经过好几个小时的跋涉，路易斯大叔与米娜、多多终于到达了伊瓜苏大瀑布风景区附近的港市。路易斯大叔原本想刚刚经历了长时间的奔波，让两个孩子先

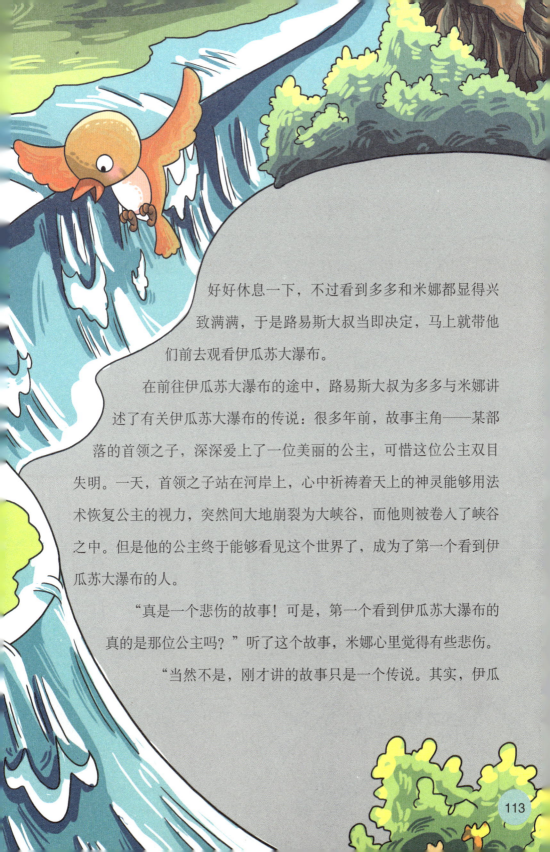

好好休息一下，不过看到多多和米娜都显得兴致满满，于是路易斯大叔当即决定，马上就带他们前去观看伊瓜苏大瀑布。

在前往伊瓜苏大瀑布的途中，路易斯大叔为多多与米娜讲述了有关伊瓜苏大瀑布的传说：很多年前，故事主角——某部落的首领之子，深深爱上了一位美丽的公主，可惜这位公主双目失明。一天，首领之子站在河岸上，心中祈祷着天上的神灵能够用法术恢复公主的视力，突然间大地崩裂为大峡谷，而他则被卷入了峡谷之中。但是他的公主终于能够看见这个世界了，成为了第一个看到伊瓜苏大瀑布的人。

"真是一个悲伤的故事！可是，第一个看到伊瓜苏大瀑布的真的是那位公主吗？"听了这个故事，米娜心里觉得有些悲伤。

"当然不是，刚才讲的故事只是一个传说。其实，伊瓜苏大瀑布第一次被人们发现是在1541年，有一个西班牙探险家偶然来到这里，发现了这条瀑布。不过奇怪的是，当时的他并不觉得伊瓜苏瀑布有多壮观俊美，只用'可观'这样平淡的词语来形容它。"路易斯大叔说。

他们终于快走到接近瀑布的位置了，层层叠叠的瀑布围绕着一个马蹄形的峡谷向下倾泻而出，到达底端之后，激起厚厚的水雾，弥漫在茂密森林的上空，使得周围一带变成了一个人间仙境。震耳欲聋的水声早在几千米以外就可以清晰地听见，这样澎湃的声音让人听了心情激荡。米娜和多多几乎是一路向前跑去，路易斯大叔一直在后面提醒他们要注意安全。

当伊瓜苏大瀑布真正出现在眼前的时候，路易斯大叔与米娜、多多不禁屏气惊叹，为这胜景所折服。多多感叹道："哇，这个瀑布简直太壮观了！"

"从不同的角度看伊瓜苏大瀑布，你会得到不同的感受。"路易斯大叔说。

听到这里，米娜问路易斯大叔："路易斯大叔，那么从哪个角度看瀑布，才能看到瀑布最壮观的样子呢？"

路易斯大叔依然微笑着说："要说最壮观的地方，就要数'魔鬼喉'了，站在这个角度从上往下看，你会看到有九股水流同时奔腾而下，与此同时你还能看到整个环形瀑布群的全貌，别提有多震撼了！"

路易斯大叔这么一说，米娜和多多对瀑布更加感兴趣了。正当他们逛得精疲力竭的时候，多多看到了不远处有一个招牌，上面写着"冲瀑"，他忍不住尖叫起来："我要去冲瀑！我要去冲瀑！"

　　一开始路易斯大叔和米娜还没有反应过来，直到走近些，看到了那个招牌，才知道冲瀑是指什么。三人都跃跃欲试，于是路易斯大叔去买了票，准备感受一下在瀑布底下是什么滋味。

　　套上救生衣，三人登上了橡皮艇，艇上有一位经验丰富的船员掌舵，普通游客根本无法控制住橡皮艇。那位舵手轻轻一撑，橡皮艇就像剑一般地向前冲去，奔向正翻腾咆哮的浪花，米娜害怕得尖叫起来。

　　当然这一切都只是有惊无险，这么一段惊险而又刺激的旅程，大概每一个人都不会忘记。

瓜拉尼人

　　瓜拉尼人是南美洲国家巴拉圭的主要定居者，古时也叫"卡里约人"或者"卡里霍人"，17世纪之后改称瓜拉尼人，人口总数大约为170万。瓜拉尼人属于蒙古人种的美洲分支。族民使用瓜拉尼语，相信宗教，迷信巫术。最早居住于巴拉那河与巴拉圭河流域以及查科地区的北部，后被分割成为巴拉圭、阿根廷、玻利维亚和巴西的原始居民。

第21章

完美归途

  一转眼，路易斯大叔、米娜和多多已经在阿根廷这个遥远的国度里待了十多天，这一趟神奇的旅行终于要落下帷幕了。

  米娜与多多有些依依不舍，真希望在阿根廷再待上半个月。但是天下没有不散的筵席，终归要与阿根廷分别。看到两个孩子满脸离别的忧伤，路易斯大叔对他们说："最后，让我们再去逛逛吧，去买点阿根廷的特产！"

听到大叔说还可以逛一会儿，米娜与多多又开始有了一点笑意。

"路易斯大叔，那阿根廷都有什么特产啊？一直没听你说过。"

路易斯大叔说："我们都知道，阿根廷是世界上非常有名的畜牧业国家，产量位居世界前列，是世界上重要的皮革出口国家之一。所以呢，阿根廷的一大特色产品就是皮革，它的牛皮质地细腻柔软，重要的是，相比于欧美国家，它的价格非常公道。"

"相比于牛革，我更喜欢吃牛肉！"多多嚷道。

"你真是一个吃货！"米娜忍不住小声说道，然后又问，"路易斯大叔，难道我们要买一大块牛革回去吗？"

"当然不用买一整块啊！可以买一些用牛革制成的小工艺品或者几双皮鞋！"路易斯大叔说。

米娜又问："那这些工艺品贵吗？"

路易斯大叔顿了顿，然后说："相比之下，这已经算是最便宜的啦！如果很有钱的话，就可以去买阿根廷另一大特色产品——阿根廷国宝石。"

听到"阿根廷国宝石"这个名字，多多来了兴趣，大声问："路易斯大叔，你快告诉我，阿根廷国宝石是什么东西啊？"

"这个阿根廷国宝石啊，原名叫红纹石，又叫菱锰矿，外观颜色呈现粉红色，是一种很娇贵、可爱又稀有的宝石。因为产自阿根廷，又非常珍贵，所以人们都叫它'阿根廷国宝石'，就像熊猫在中国被叫作国宝一样。据说，佩戴着红纹石的人会因此而变得心情愉悦，尤其当人们的心情烦闷或忧伤时，红纹石能够消除心中的负能量。"面对多多的疑问，路易斯大叔给出了相当详细的解释。

听到一块石头居然有这么强大的功用，米娜与多多觉得很意外。另一方面，也大大增加了他们对红纹石的兴趣。

一边走一边逛，不一会儿就买了很多东西，两个小孩也看到了期待已久的红纹石。路易斯大叔看了看手表，然后说："时间差不多啦！我们快点动身前往机场回中国吧！"

"前往中国的旅客，请做好准备，您乘坐的航班即将起飞！"广播里传来了温柔的女声，这也代表着此次的阿根廷之旅即将走到终点。

飞机起飞了，米娜与多多依旧贴着窗户，留恋地看向外面。

路易斯大叔最后对他们说："你们两个要好好学习，等到有知识了，有能力了，长大后就可以到任何你们想去的地方。不要为今日的离别而忧伤，如果心中有希望，总有一天还会再重逢的！"